JN411003

풀씨 법문

이 도서의 국립중앙도서관 출판예정도서목록(CIP)은 서지정보유통지원시스템 홈페이지(http://seoji.nl.go.kr)와 국가자료종합목록 구축시스템(http://kolis-net.nl.go.kr)에서 이용하실 수 있습니다. (CIP제어번호 : CIP2020010499)

텃밭시학시선 04

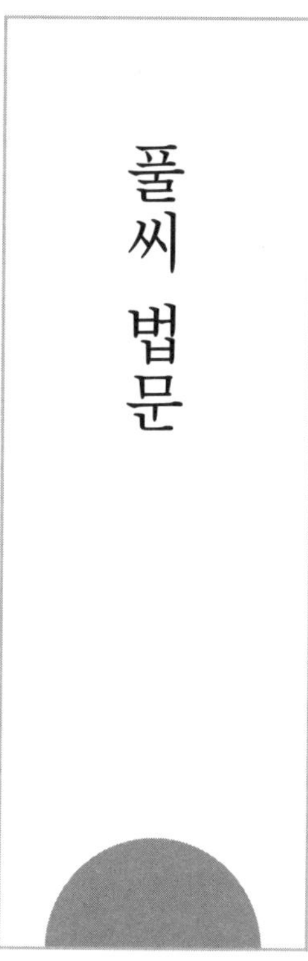

풀씨 법문

박종승 시집

그루

시인의 말

추보재追報齋와 동은정사桐隱精舍를
거닐며 시심詩心을 가다듬었습니다.
격물과 치지의 세계는 오롯이
제 시詩 정신의 뼈와 살이 되었습니다.
시편들을 엮다가 문득 고향 뒷산에 모신
부모님 생각이 간절했습니다.
어린 날 동무들과 바라본 앞개울과 흰 구름의
환한 이마 너머로, 한낮의 뻐꾸기 울음소리가
시의 행간 속에 가득 들렸습니다.
돌아다보니 이순을 훌쩍 넘겼습니다.
꽃 핀 아침도 많았지만, 캄캄한 밤중
비바람 속에 헤매기도 했습니다.
허나 지금은 눈길마다 풍경이 곱기만 합니다.
시詩의 발을 다시 씻고, 먼 길을 갑니다.

2020년 봄
추보재에서 **박 종 승**

차례

시인의 말 5

1

고향 집 우물터 11
인간 인형 12
너 흘러가는 대로 14
벌초 15
봄 양푼 16
아지랑이 17
안채 18
어머님의 산 19
우화 20
우리 집으로 가는 길 22
콩밭 1 24
콩밭 2 25

2

나, 꽃 핀다 이제 29
낙화 30
남몰래 그녀가 온다 31
단풍잎 한 장 32
당신 33
몸짓 34
바람 부는 세상 36
사랑채 37
새벽달 38
영(0) 39
풀씨 법문 40
하늘 마음 41

3

강가에 홀로 서서 45
공양 46
나 47
나는 자연인이다 48
눈 오는 소리 49
마당 50
바람 소리 만나면 51
시인의 낙도樂道 52
소춘小春 54
푸른 말 55
천연의 풍경 56
해맞이 57

4

가을 기차 61
갈빛 낙엽 62
안개꽃 훔쳐보기 63
곡우穀雨 64
늙은 가로등 65
마이산 돌탑 66
바위 67
오월의 저변 68
선자령 가는 길 70
이젠 내 맘대로 살아야지 71
텁없이 커다란 그림 72
허공 위에 꽃이 누웠다 73

5

거리에서 77
귀로歸路 78
뼈 79
그리움에 사는 법 80
뒤틀리는 자화상 81
바람 앞에 앉아 82
별 83
아직도 손잡을 만하네 84
유월의 저녁노을 85
재개발 구역 달동네 86
홀로독獨 87
황혼의 귀농 88

해설

사랑채의 시어들_김동원 93

1

고향 집 우물터

옛 그리움 멈추어 있는
대숲 아래 투명한 고요
캄캄한 맑은 고요
긴긴 무더움 씻어내는 여름

아침마다 얼굴 그려 보던
시리게도 맑던 거울
파란 이끼 덕지덕지 머물러
두꺼운 시간의 흔적 몇 세월인지

삼복더위에 땅 밖으로 빗발치던
투명한 그 매미들의 소리
하얀 구름 띄워 놓고
푸른 댓잎 속 하늘만 쳐다보네

분주하던 수다 소리 다 떠나고
그리움만 떠 있는 고향 집 우물터
캄캄한 그 속 헛헛한 웃음들,
나는 아직도 갈증에 목말라 있다

인간 인형

그의 예쁜 손주들은
인간 인형을 가지고 논다
그 인형은 아이를 끔찍이 사랑하지만
서로 잘 지내지는 못한다
그건 달라진 세상 때문

첫새벽부터 밤을 낮 삼아
그가 쳐 놓은 울타리에
스스로 갇혀 산다
인간 인형이 되고서야
성큼 어른이 되어 버린 그

엉덩이 하나쯤 밀치면
그의 자리 늘 비어 있지만
지금은 모든 이의 자리다
앞에서 달아나는 세월
조금만 느리게 갔으면 좋으련만

살아 보니 그래야 된다 할 것도 없고
그러면 안 된다 할 것도 없는데
문지방이 달라진 세상 밖이란 걸
어렴풋이 짐작은 간다만
예쁜 손주들은 오늘도 인간 인형 가지고 논다

너 흘러가는 대로

이 세상에
쉬운 일은 없다, 흰 구름아
그 마음 하나로
상처받지 않을 궁리

또다시, 또 다른 궁리

푸른 하늘아
너, 바보야!
바람이 그랬다

꿈 깨면 늙는 법이지

다시 태어나는 거야
해, 달이 흘러가는 대로
너 흘러가는 대로

벌초

깊어만 가는 산 옆의 산 그림자
더벅머리 우거진 풀 베어내다가
잡다한 마음도 벌초했네

먼 산 능선으로 전해져 내려오는
우리 집 살아온 이야기

그리움의 밭이랑 언저리
아버지 어머니
어느새 몰래 또 다녀가셨구나

산그늘이 내주는 풍경 속에 앉으면
뙤약볕 바람에도 시린
깊은 추억 떠올릴 수 있는 시간
천천히 붉은 하늘도 흰 구름을 벌초하네

봄 양푼

꿀벌 난리 북새통에도
매화꽃 그늘 반쯤이나 졸고
달래 냉이 향기는 갸웃

아지랑이, 바람, 들꽃
서로 제 향기 잘났다 얼크러져
몽롱하게 술 취한 노을 꽃
향긋한 봄 안주로 입맛 돋운다

시커먼 된장 두어 주먹 녹여 풀어
바지락 한 주먹 쥐어 박고
저녁 한 냄비 뽀글자글

갖은 양념에 봄 맛 한 양푼
참기름 팍팍 넣고 주물럭 조몰락
뒷산 콩밭머리 어머니…,
혹여, 잠시 다녀가지 않으시려나

아지랑이

햇살 벙긋하면 시도 때도 없이
같이 놀자고 봄을 흔들어 대니
아스라한 추억 낮꿈 꾸듯
몸 따로 생각 따로 봄물에 맴돈다

움켜잡을수록 흘러내리는
현란한 몸동작의 따스한 무늬들
아뜩한 풀의 현기증에 주저앉는
먼 산정 응달의 잔설

귓전 홀리는 물소리에
문득 문득 고개 돌리면
길들일 수 없는 초록의 몸
저만치 숲속에서 기다린다

온 들녘 어디로든
피해 갈 수 없다며
아쉬움 같은 적당한 사이 두고
서로 친구 되자 하는 아지랑이

안채

—다듬이 소리

먼 옛날 맑은 다듬이 소리
깊은 밤 불현듯 찾아와
애써 그 그리움 잊으려 해도
속절없이 무너지고 만다

넉넉한 외방망이 장단에
바쁜 쌍 방망이 장단
빨라지다 느려지다, 똑똑 딱딱
가까워지다 멀어지는
그리움으로 몰려가는 어머니의 손

창문 너머
새벽으로 가는 어둠을 보면
하늘엔 옥 같은 달빛
지붕 위엔 찬 서리, 대 그림자에
너울너울 가을밤이 사위어 간다

어머님의 산

내려올 땐 나밖에 없었는데
돌아보니 문득 뵈는 얼굴

세월이 바랜 땅에서
지난 흔적의 미소를 모신다

일렁이는 밭고랑의 오랜 당신 흔적
사랑 어린 깊은 발자국의 평안

구름이 안부를 묻고 가는,
바람이 씻어 주는 어머님의 산

너그러운 그 품에서 나는
이순 훌쩍 넘어 다시 젊어진다

우화

시퍼런 날 선 시선으로
얼굴 들이민 햇살 아래
신비로움 넘치는 세상
넋 나간 눈으로 훔쳐보던
가녀린 생명들

질풍 같은 변화가 무서워
비좁은 나 홀로 공간에서
꿈으로만 그리며 살려던
안일함을 떨쳐낸다

머뭇거리는 투명한 몸뚱이
이슬 머금은 환희의 빛 안고
누군가가 반겨 줄 미지의 세계로
활짝 펼쳐 보는 날개

칠흑의 암흑 속을
인고의 함묵으로 견디어 내고
기어이 서투른 날갯짓으로
몹시도 그리워했던
환희의 기쁨을 노래한다

우리 집으로 가는 길

휘파람새도 있다만
개미도, 쇠똥구리도 찾아가는
이 넓은 세상에서
가장 어려운 길

풀숲 너머 고운 황혼 빛
이런 저런 발길질로 상처투성이라도
무딘 빛깔 알아보는
수많은 눈망울들의 들꽃 길

앞뒤 뜨락 같은 산은
작은 산길 하나 풀어 줬을 뿐,
그래도 우리는
수많은 숲들을 만나지

우리 집으로 가는 길
첩첩산중 같은 지난 세월의 굴곡
또다시 찰나의 여유 동안만
삶을 새겨 넣을 시간의 길

콩밭 1

긴 마음 고랑 사이사이
아린 마음 한 줌 한 줌
없는 듯 깔아 놓고
젖은 눈길 밀어 넣는다

긴 바람 고랑 사이사이
콩꽃 그늘에 아롱져 오는
낡은 호미, 해진 머릿수건
그 무더운 입김

긴 밭고랑 사이사이
느껴 오는 턱 밑 땀방울
돌아서서 고된 땀 훔치던
억새풀 붉은 등 노을빛, 어머니
아, 그 고우신 저녁 하늘

콩밭 2

붉은 구름이 허리 펴는
저 너머 서녘 하늘에서도
어머님은 밭을 매고 계실까

구절초, 들국화
무정한 잡초로 묶어 오면
더욱 애가 타

내 영혼 나드는 하늘 그곳
오르는 길을 몰라
억새꽃 그리움만 더해 오네

큰 덤 언덕배기로 젖어 오는 달
행여 내 꿈에
그 길 이정표 남겨 줄까
손 모아 별 따라 길을 찾는다

2

나, 꽃 핀다 이제

나, 꽃 핀다 이제
마음 한 잔 매화 한 잔

겨울 눈 내리는 날
나, 꽃 핀다 이제

우전차 앞에 두고
여윈 잎맥 그대로 드러낸 채

뜰 앞 햇살 곱게 펴
빛바랜 사진 속 그녀를 들춰 보네
분홍빛 두 볼은
꽃 피어 봄날인데

비껴간 운명
바람 소리 차가워도

나, 꽃 핀다 이제
흰 눈 한 잔 매화 한 잔

낙화

알 수 없는 은유처럼
화사한 봄 구불구불한 길

비밀스러운 아지랑이 서랍 같은
무언가 햇살 속에 숨은 향기

복사꽃 여인 잎마다
냇물에 출렁이며 번져 간다

꿈결에 듣는 그녀의 기척
꽃잎 열고 나오다 마주친

허공을 들어 올리던 그 힘
부신 햇살 떨어져 폴폴 날아간다

남몰래 그녀가 온다

알 듯 모를 듯 속삭이며
차분하게 성숙된 꿈속 여인처럼
남몰래 그녀가 온다

어둠은 졸면서 주렴 드리우고
수줍은 조각달은
한가로이 구름 속 들락날락

밤에 숨어드는 사내처럼
어둠 속 묻어 오는 바람 소리
뜨락에 내려앉아 소곤소곤

이 밤 조용히 산을 내려와
창밖에서 향기와 함께 속삭이는
그녀 같은 달빛, 솔바람 소리

단풍잎 한 장

그 산 넘어가다 본
마지막 붉은 열정
겨울로 부치려고 써 둔
가슴속 이야기

붉게 타는 해거름처럼
이승에서 제일 고운,
호흡마저 참아 버린 그녀

화려한 생의 절정에서
보다 고운 사랑으로
폭설의 문 열어 가리라

당신

마음 깊이 간직해 둔 것
결코 잊을 수 없게
당신 앞에 고운 별표 그려 둘게

내 고운 시어詩語들 속에
늘 사랑의 주연이도록
당신에 온통 분홍색 칠해 둘게

우리 가는 길 어디든
수레바퀴처럼 늘 함께이도록
결코 지워지지 않게 코팅해 둘게

수없이 초롱초롱한 별빛 아래
물안개 같은 추억으로
오롯이 그리워해 보는 달빛 당신

몸짓

움직인다고 살아 있는 것도,
꼼짝 않는다고
다 죽은 것도 아닌
너인 듯 아닌 듯

일렁이는 허공의 몸짓에서
알 듯 모를 듯
늘 속으로만 흐느끼는
너인 듯 아닌 듯

아지랑이처럼 보이는
꿈을 찾듯
끊임없이 번져 가는
너인 듯 아닌 듯

혼돈混沌의 사람들 속
생각이 사라진 곳에
감정을 느끼며 캐 보는
너인 듯 아닌 듯

바람 부는 세상

살다 보면 손가락 사이로
빠뜨릴 수 없는 것

손등의 근본은 원래
손바닥 같은 것

진한 바람 한 번
내 몸에 일었으면 싶다

하얀 목련에 몸 맡기면
불청객 바람에 늘 혼이 나가더라만

그렇게, 그렇게
바람 부는 쪽으로 펴는,

마주치는 두 손바닥 삶이기도 한
바람 부는 세상

사랑채

겨울 흰 눈의 발가락 같은
댓돌 아래 소복이 쌓인
인기척이나 잔기침 같은 것

꽃샘바람처럼 들릴 듯 말 듯
앙상한 배롱나무
마당 안의 기웃거림 같은 것

깊은 고요 좌정하여 앉은
선방 앞에 놓인
수좌의 등나무 지팡이 같은 것

경상經床에 얹힌 시경詩經처럼
세월 머무는 고택 문지방 너머
지엄한 가르침 같은 것

할아버지의 할아버지, 사랑채

새벽달

허공 같은 내 가슴에
그것은 서쪽 하늘로 건너가는
그녀였네

밤새도록 별만 좇다가
홀로 새벽을 넘어가는
시리도록 맑은 바보 같은 달

밤하늘 건너는 별빛 푸른 꿈
아득히 허공에 둥글어
난 그저 잠만 잤나 보다

선잠 깬 꿈이 그녀와 함께
바보처럼 허공을 굴리다가
세상이 잠든 새벽을 넘는다

영(0)

그것은 마디마다
먹어도, 먹어도
헛것처럼 늘 배가 고프다

언제나 허공같이 텅 비어
늘 바닥을 긁아 먹고
달처럼 오르내리며 채근한다

그것은 빈자리 채워
이웃을 영글게 하는 열매 같아
삶의 한 자리쯤
괴롭다 말하지 않으리라

있고 없는 사이에서 늘 채워 왔듯
언제나 아픈 세상
눈치 살피며 산다는 것이
절구통같이 또 비워야 한다는 생각이거니

풀씨 법문

이른 아침 들녘은 절간
다소곳한 풀씨 하나

좌탈坐脫한 수도승인 양
묵언이 깊다

햇살 목탁 스친 자국마다
생겨나는 미묘한 아지랑이의 법法

목숨 가진 것들
흔들어 깨우는 기척

이름 모를 수많은 풀씨처럼
내 안에도 한 채 절이 있네

내일에는 겨드랑이에
그 풀씨 법문 하나 돋아나려나

하늘 마음

그 파란 곳에는 언제나
가 보고 싶은 쪽방이 있다

들창을 열면 드넓은
그 세상 둥글게 벼리는 힘

달빛처럼 깊고 맑은
별들의 생각

노을 꽃으로 피는 계단
모든 것은 언제나 하늘 마음

그 파랑에 길들여져
늘 만지며 함께 살고 싶다

3

강가에 홀로 서서

물길 모아 품을 넓히고 깊이 더해 가며
쉽없이 흘러 흘러도 지치지 않고,
가만히 눈 감으면
물소리 바람 소리의 말

눈비 바람 맞으며 살아가는 삶
숨은 속살 다 드러내고
내 안의 나를 만나는 마음 깊은 소리

강 건너 먼 들녘 떠오르는 별 하나
긴 그리움으로 외롭지 않게
스스로를 위로하며 흐르는 강물 따라가야지

힘들게 얻는 것 소중히 간직하는 성숙된 모습
더욱 푸르러 성한 길 위의 그득한 삶
강가에 홀로 서서
막힘 없는 저 강물은 기억하게 하리라

공양

삭정이불로 아궁이 밥 짓는 부뚜막
대처엔 날 선 눈보라 몰아쳐도
겨울 산사엔 불어 대는 바람도 공양

만상의 얼어 버린 울음들
싸늘히 식어 버린 마음 데워 주는
무쇠 솥 하얀 숨소리도 공양

고요한 침묵 속 하늘 세계 담아내는
오롯한 밥 한 그릇
그 따끈한 온기도 공양

뗑그렁 뗑겅, 저 풍경 소리도 공양이라
평온의 그 은혜 전해 오는
이 세상 가장 청빈한 곳
그래, 나는 슬그머니 기어든 식충이었네

나

오다가다 가다 오는,
보이다가 안 보이다가

우주속에 난 길 위
명멸하는 점 하나

그 궤적의 계단 아래
제자리 찾는 시작과 끝

제 몫의 세상에
흔들리다가 남는 흔적

무량의 저 공간 속
한 점 티끌 같은 존재, 나

나는 자연인이다

반짝이는 햇살 받아먹는
풀잎의 푸르름 보고
천연의 빈 만상이
햇살과 노니는 걸 느낀다

찾지 않아도, 느끼지 않아도
촉촉한 내 연둣빛 기미,
있는 그대로 보고 받아들이면 되는
모든 게 마음이었네

산과 강과 함께 한 숲이 되어
들꽃 위에 바람으로 서서
어디에도 묶이지 않은 자유

내 위에도 이슬방울 느껴지네
홀가분한 삶의 이 행복
바람에 앉은 나는 자연인이다

눈 오는 소리

하얀 땅 위에 하늘 우는 소리
바람 소리, 물소리, 새소리,
여인들의 자지러진 웃음소리

달빛 내린 정적
오롯이 내려앉는 마당에서
하얀 노래 듣는다

만나는 사람마다 차분히
이 세상 하나 된 깨끗한 미소
눈 오는 소리

운율 고운 글이 빛으로 남을 소리
없는 듯 더 큰 생의 힘으로
이 아침 나아갈 하얀 길을 쓸고 있다

마당

온전히 내려놓고
잊어버리고 묵어갈
널따란 자리가 있어 좋습니다

고된 하루쯤
스스럼없이 내어 줄 수 있는
빈 땅 한편이 있어 좋습니다

누우면 별이 있고
목련꽃 가족이 피고
어머니 품이 그리워집니다

하늘이 있고, 빗물이 흐르고
사람이 흐르고 흐르던
마당의 정情이 참 좋습니다

바람 소리 만나면

산 너머 어느 한쪽
얄궂은 소식 전해질까 봐
바쁘다며 돌아가는 세상
그럴싸한 바람은 반길까 말까

가늘게 피어오르는 저녁연기
밝은 산마을 대처 바람 들세라
산허리 눈 가리고 감돈다

늘어진 청솔가지 그림자
겹 바람에 창살 쓰다듬듯
없는 듯 고요히 어른거리자,

밖으로 나돌던 눈과 귀 씻고
동구 밖 기웃거리는
바람 소리 만나면
산과 물에서 풍경처럼 산다 하자

시인의 낙도樂道

산천과 어느 시인
수려한 마음이
봄꽃보다 먼저 만개했다

빼어난 절경 따라
말해지지 않는
형형의 무늬들

말하려는 욕망과
버려야 할 극기 사이
노련한 시인은
연필을 비수처럼 휘두른다

바람처럼 갈라놓는
드러나는 것과
숨겨진 것 사이

단면에 숨겨진 것
확연히 드러날 때
시인은 할 일 다 한 양
무위자연 낙도樂道로 떠난다

소춘小春

뜨거운 열정으로 열매 된
가을볕이 두꺼워
떨쳐 버릴 수 없는 볕살

잠시 하늘의 이치를 잊은 듯
남은 그루터기에
연둣빛 봄 싹틔우고 있음이란,

일상을 잊어버리는 것 중
작은 그리움으로 남아
논두렁과 겨울 연못 사이
날글 안고 쓰러지는 작은 봄, 소춘

계절을 넘는 오묘한
그의 익살스런 연둣빛 위트
이젠 눈과 마음으로
느릿느릿 즐기면서 살아야지

푸른 말

나뭇잎은 푸른 말을 하네
만상이 귀 쫑긋 세울 즈음,
보이지는 않아도 바람은
작은 우주 하나씩 흔들고 있네

어둠이 잠시 비켜서 있네
열린 창밖 내다보노라면
청솔가지 흔드는 서늘한 가을 곁에
달빛은 수화手話를 하네

한 줌 바람결에 흔들리는 것
어디 드러난 몸뿐이냐고,
길섶 여린 잡초의 질긴 삶뿐이냐고,

나뭇잎은 푸른 말을 하네
그대로 듣고 보고 받아들이면 되는
모든 게 마음의 일인 것을
푸른 나뭇잎은 푸른 말을 하네

천연의 풍경

바람 오는 길목에
눈을 두고 와 보지를 못했네
거리의 난전 바람 소리에
귀가 팔려 듣지 못했네

마음이 지어낸 것
기꺼이 비워내고 훨훨
수행하는 3층탑처럼
오롯이 채워 가는 지혜

마음 따라오는 발자국 소리
바람을 이겨내고 귀를 열었네
천연의 풍경 앞에
보이지 않던 발끝이 보이네

해맞이

파란 봄은 수평선 위에 핀
한 송이 붉은 꽃을 보리

이 아침 밝게 눈뜰 수 있음에
그저 감사하리

두 손 함께라서 행복한 것들
물 아래 잠긴 것들 상하지 않게

벅찬 새해 밀물과 썰물 사이
멋진 하루 끼워야지

이렇게 붉은 아침 해 한입 가득
베어 먹을 수 있음이 참 좋구나

4

가을 기차

외로움인지 슬픔인지 모를 파란 하늘
저녁으로 가는 시를 쓰는데,

누른빛 하오의 들녘 속엔
동동거리며 지나가는 기차가 있네

벼 베는 아낙이 있던
시간 넉넉한 한낮의 풍경 속

고개를 들었다 내렸다
침묵으로 이따금 햇볕을 재는 농부

마을 앞 느티나무 아래는 이모저모
늙은 군상들의 느긋한 소곤거림

한창 노을 속 가을 기차는
한 됫박 구름을 퍼내어
전망 좋은 정자에 뿌리고 있네

갈빛 낙엽

늘 넉넉한 하늘처럼
푸를 줄만 알았나 보다
모든 게 강물처럼
쉼없이 흐르는데…,

푸르던 시절은
뜨겁던 정열의 한때
아득히 떠나 버린 시간 속
웃고 있는 그리움들

돌아올 메아리도 없는
깊은 웅얼거림 속
온몸 말아 움츠리고
되돌릴 수 없는
온갖 시간들을 회상한다

안개꽃 훔쳐보기

어디서 어디로 가는 걸까
창밖엔 아침 안개 서성이는데
이 엄동설한 저리도 고운 자태

강물 소리 붙잡아 놓고
제 편으로 벼리는 바람 소리,
봄은 어디쯤 오다 졸고 있는지

보고 싶어도 볼 수 없는 것들
볼 수 있는 이들에겐
이보다 더 아름다울 순 없다고,

황량한 겨울 틈새로
환한 봄 문 열 듯
잔잔한 미소 향기 흩날리는 꽃

곡우穀雨

때맞춰 단비 내려
흙 향기 좋은 날 배를 안고
찰랑거리는 무논
그윽이 바라보는 농심

손주 바라보듯
꿈과 희망으로 바라보는 땅
천성으로 타고난 소박함
간절한 그 밥심 믿는다네

성스런 대지의 봄 뜻
깊어 가는 귀한 푸른빛으로
싱그러운 풀 향기에
풍년을 약속하고 그려내는
'농 자 천 하 지 대 본'

늙은 가로등

—불경기

휑한 전통 시장 골목길
초저녁부터 늙은 가로등
하릴없이 졸고 있다

한창 장 설 시간인데
낡은 텔레비전들만
아무도 보는 사람 없어도
저마다 혼자 세상 떠벌린다

생기 잃은 간판들이야
해야 할 일 잊은 게
어제오늘 일이랴

국밥집 사장 노부부
아무렇게나 저녁을 때우고
급기야 무거운 원성
여의도로, 청와대로 향한다

마이산 돌탑

다시 천 년의 빈 공간
돌 하나 올리고 마음 추스른다

그러께 어머니 기제
두 눈 감은 간절한 염원

폭설이 흘러내리기까지
바람 포개지는 구멍마다
오직 세상을 향한 자비

좌선하여 비운 저 마이산
하늘 받든 탑이 돌아앉은 빈곳
침묵처럼 채워지려는 마음

바위

'바보야!'라 말할 수 있는
네가 좋아
그래서 우린 친구지

난 잘났어, 진짜
딱, 너 때문에 너 앉은 만큼

그러니까 넌 내 곁에
난 네 곁에

날마다 하나같이
특별히 잘 맞는 이유

그건 서로 아무렇게나
앉을 수 있다는 거지 뭐

실은 너나 나나
하나도 잘난 게 없어서

오월의 저변

길 위에 쓸쓸히
떨어져 누운 봄꽃의 조각은
늘 겪는 일
새삼스러울 게 있으랴

바람이 되지 못해
허공에 스미지 못하고
억년 비정의 긴 침묵 위에
바람결 따라 뒹굴며
유려하게 번져 가는
점점이 붉은 혈흔의 웅얼거림

지천으로 쓰러져 누운
봄꽃들이 있기에
계절의 여왕은
더 한층 푸르름이거니

조락의 꽃잎은
자연을 동경하는 몽상가의 상념들로
오월의 신록 아래 또 다른
사유思惟의 산책로가 된다

선자령 가는 길

눈꽃 잎이 되어
흘러가고 흘러오는 숫눈길에
하얗게 쌓인 깊은 침묵

하늘 길 알고자 온 길
가슴속 깊은 응어리 풀어
날 선 칼바람에 날린다

저토록 고결한 지존의 예술
허공을 받드는 노송은
억겁을 지나서야 도道를 터득했을 터

끝도 시작도 없는 사유
얼지 않고 흐르는 이 길
좀스런 내 얕은 발자국도 찍혔다

순백의 선자령 가는 길은
절절히 높은 고사목만 벗하느라
사랑은 아예 잊고 있구나

이젠 내 맘대로 살아야지

봄 손가락이 피아노를 치네
봄 냇물이 노래하네
봄 향기가 나를 불러내네

거긴 오색딱따구리도 있네
박새와 다람쥐도 있네
그러나 노래는 없네

아지랑이에 너도 끓고 나도 끓고
길들여지지 않은
푸른 생명들이 있네

이젠 내 맘대로 살아야지

솔잎에 바람 치는 소리
세월 미끄러지는 소리
밤새 잘 쉬고 새 발자국을 챙기네

턱없이 커다란 그림

제목題目에 갇히지 않고
턱없이 커다란 그림을 그리고 싶다

시장바닥 난전에서도
등짐 진 농사꾼의 지게 위에서도
활짝 핀 복사꽃이 하늘거리게

물인지 허공인지 알 수 없는 배경에서
돌미나리 향기인 양
한없이 떠돌다 보면
번쩍하는 지혜 얻을지도 몰라

맑고 고운 빛깔의 영혼
온갖 세상 다 껴안게
제목에 갇히지 않고
턱없이 커다란 그림을 그리고 싶다

허공 위에 꽃이 누웠다

직유의 칼날처럼
폭설 거친 언어 속을 넘어간다

온기 잃은 시간에 갇힌
차가운 매화의 은유

빛바랜 상징처럼
허공 위에 꽃이 누웠다

졸고 있는 봄 미리 끌고 와
조각난 계절 끝자락에 앉힌,

그 겨울비는
대숲을 적시는 환유의 날개

소슬한 댓잎 소리 함께
남루한 바람 한 잎 만났네

5

거리에서

꽃터는 이미 빈터가 아니다
울지도 웃지도 않는 그들은
분노하지도
즐거워하지도 않지

다 알고나 있었다는 듯, 목련은
그냥 그렇게
자연스럽게 피는 거라고

수없이 생멸하는
군상群像들은 무엇이며
이 땅에서 어떻게 살아와
어디로 돌아가는지

거리의 일상 속에서
목련은 절로 빚어지는 존재처럼
아무렇게나 막 태어나고 있다

귀로歸路

온갖 눈동자에 쏘인
묵밭 같은 빈 하늘

노을 속에 나를 던져 놓고
내가 바라보는 산

거친 바람 앞에서
단출한 행복 염원하는,

숨겨진 골목
마음으로 보고 듣기 위해

투박한 사람들의
꾸밈없는 세상 삶의 이야기

그길 따라 나갔다가 되돌아오는
예사로운 풍경 하나
옹골진 사랑을 이어가는 귀로

뼈

푸른 언어로 깊이 밴
넉넉한 하늘의 몸짓

오랜 시간 공들여 익은
내면의 뼈

절실한 기도와 같은
과육의 언어

그 속으로 침잠해 들어간
내 성숙의 고요

더럽힐 수 없는 뼈대
거룩한 존엄 앞에

붉게 아려 오는
이 진솔한 가을 산

그리움에 사는 법

길은 들녘을 불러요
바람 소리도 불러요

눈 가는 하늘마다
온갖 순정
구름으로 흘려 보내고요

잠시 마음 갠 날은
세월과 정신 놓고 살지요

그러고도 남는 날은
소소한 내 일상
들녘을 길처럼 부릅니다

뒤틀리는 자화상

허기진 하루가 어둠의 장막으로
무너져 내리는 밤
홍진 세파에 닳아 버린 골격
허덕이는 일상으로 떨리는 손
비루한 가난을 줍는다

구겨진 파지 무게만큼 아린
감당해야 할 삶의 무게
버거움에 지쳐 뒤틀린 육신도
내가 나를 책망하며 냉정히 따져 보아도
구겨지고 뒤틀리긴 매한가지

다만 지극히 눈물겨운 수고로움으로
한 짐 잔뜩 짊어진 것
굽은 등에 가난한 식솔들 업고
조금은 따뜻하게 하며
가까스로 이 밤을 평온으로 보내리라

바람 앞에 앉아

너의 붉은 속삭임
차마 거절 못해
내 마음 흔들리고 말았구나

너울대는 들국화 향기 위로
새벽 공기 맞으며 걷는
가을 걸음, 한 걸음 느린 걸음

별빛 문자가 있는 길에서
구름 우러나는 차 한 잔

너뿐인 하늘에 들꽃 같은
저리도 많은 상처
바람 앞에 앉아 하나 둘 별을 끄고
내 영혼의 안부를 묻는다

별

언제나 새벽까지
안 자다가
파뿌리 되어
기절 아니면 졸도한다

고픈 잠 푹 자야 하는데
그래야지
간절히 간직할
밤하늘 별 꿈을 꾸는데,

억척같은 일에 치여
시간이 없는 와중에
별이 들어올 공간
이 몸 어디에 남아 있을까

아직도 손잡을 만하네

강물도 흘러, 흘러
구름도 흘러
함께 바람 따라
세월 끼고 동고동락

그 안에 당신이 있고
당신 안에
내가 있었지

댕댕이 꿈꾸던 그 옛날
청춘에 맺었어도
오늘 처음 본 듯
저리도 고운 자태

돌아다보니
아직도 손잡을 만하네
허허!

유월의 저녁노을

저 임진강 건너 메마른 기슭
일렁이는 갈대밭에
예나 제나 때가 되면
무심하게 고요한 어둠이 내리지

둥지 떠나 노천에서 외다리로
도롱이 쓰고 나래 쉬는 임진강 철새
먼 훗날 추억이 될 옛 풍경 소리
가슴으로 보고 새겨 두노라

동족상잔의 참담한 비극
쓰라린 그 아픔 망각하고
아비 어미의 피눈물보다
자신의 피 한 톨 더 치켜세우는…,

아! 광기 어린 그날
낭자하던 뜨거운 피의 분노인가
천둥 치듯 하늘을 뒹구는
노을 속 저 붉은 선혈의 소리

재개발 구역 달동네

나직이 고개 숙인 외등
그 누가 기억할까
긴 세월 흙먼지 내려앉은
안타까운 풍경들

생의 끝자락 눈앞에 두고
따스한 햇살 바스러져 내리는
처연한 도시의 얼굴

비탈진 회색 언덕길에
고운 모래알처럼 쌓인
억척스레 싹틔운 희로애락
수많은 이별과 만남의 흔적들

머잖아 또 떠나가야 할
향수에 젖는 걸음마다
시간의 금빛 은빛 먼지가 인다

홀로독獨

태양이 없으면 어둡다 했던가
산과 강을 이어 가는 길
새벽이 열리면 절로 밝아 오지

얼기설기 바쁜 것 다 잊고 나니
옆도 보이고 뒤도 보이고

강과 산의 눈 맞춤 함께 하니
봄날처럼 이승이란 참 좋은 곳이구나

홀로 내 자리 찾아가는 길
열정 하나만으로도 밝게 비춰지지만
나는 그냥 여태껏 눈 감고 보았네

황혼의 귀농

하고 싶고, 보고 싶은 일
아직 이리도 많은데
산 넘어 산에
길 잃은 꽃으로 서성인다

봄이야 또 오지 않을까
서둘지 말아야지
옷자락에 꽃가루 털어 내며
바라보는 하늘이 뜨겁구나

무성한 잡초의 싱그러움에
더듬거리며 들로 나가지만
비를 부르는 땅
무슨 농사 어떻게 지을까나

나지막한 산과 들은
눈 아래 구름장 같은 땅뙈기야
넓은 가슴으로 받아 안고
그저 세월 갖고 놀며 보내라 하네

해설

사랑채의 시어들

해설

사랑채의 시어들

—박종승 시집 『풀씨 법문』을 중심으로

김 동 원 시인

격물치지格物致知

시는 쓸 때만 시인이다. 겨울 설매雪梅는 제 스스로 향기를 낼 줄 안다. 몸과 정신이 다르지 않듯, 시는 현실 공간과 시의 공간이 둘이 아니다. 시는 자신의 체험의 깊이를 시 행간 속에 깊이 밀어 넣는 작업이다. 시는 사물을 담는 일이자, 췌사贅辭를 버리는 일이다. 시작詩作은 깨어 있는 나를 만나는 시·공간이다. 이번 박종승의 시집 『풀씨 법문』은 편편마다 격물格物을 통해 치지致知에 이르는 사랑채의 언어다. "격물치지格物致知는 주희가 『대학장구』에서 언급한 것으로, 모든 사물의 이치를 끝까지 파고들어 앎에 이른다는 뜻이다. 이 경우 격물格物이 사물에 나아가 이치를 궁구하는 것이라면, 물격物格은 사물의 이치를 내가 안다, 내가 이해한다는 뜻이다. 문제는 '사물'과 '나-시인', 그리고 양자를 매개하는 '말(언어)'이다. 말과 사물의 관계는 필연적이지도, 그렇다고 불변적인 것도 아니다. 그 사이에 가로놓인 '벌거벗은 경험'으로서 심연에 대한 느낌이 중요하다. 말과 사물의 단절과 이음, 그것은 다른 한편으로 마음의 현상(학)과 만나게 된다. 마음이 생기는 까닭에 모든 법이 생겨난다는 원효의 말처럼, 마음의 문제는 곧 말과 삶의 문제에 속한다. 사물의 응시에 대한 나의 대답이 시라면, 시는 앎과 느낌의 한 방법에 다름 아니다."(김상환)

하여, 박종승의 시는 고향 정서를 바탕으로 한, 서정시의 다채로운 꽃밭을 이룬다. 그는 틈만 나면 소담하고 푸근한 「고향 집 우물터」를 기웃거린다. 귀한 마음으로 「어머님의 산」 앞에서 바장인다. 세상이 싫으면 저세상 가신 그녀를 꿈속에서 만나 함께 뒷산을 걷기도 한다. 그의 시는 산천의 편안함이 있고, 따뜻한 서정을 꿈꾼다. 「사랑채」는 할아버지의 잔기침이나 인기척을 통해, 높은 선비 정신을 추구하기도 하고, 눈앞의 온갖 현실의 그늘을 지엄한 시의 스승으로 모시기도 한다. 그에게 시는 영감을 불러일으키는 '푸른 말'이자, 바른길로 걷게 하는 고향이자 모성이기도 하다. 이루지 못한 어떤 것들에 대한 그리움의 공간을 「낙화」로 풀어내는가 하면, 「풀씨 법문」에 이르러선 불교에 대한 예리한

법담을 주고받는다. 이런 시안詩眼은 '풀씨'들의 말을 통해 법문으로 화답한다. 시어 한 줄 한 줄을 정성껏 깁는가 하면, 박종승은 밤낮 자신의 시들을 탁마한다. 하여, 누구나 아는 그런 쉬운 느낌과 감정으로 시를 기루고, 우리 모두의 노래로 불리어지길 고대하는 것이다. 좋은 시는 공감을 바탕으로 한 공동체의 노래이자, 외로운 이들에게 희망을 떠올리게 하는 별 같은 언어여야 한다.

나, 꽃 핀다 이제

많은 사람들이 이 사회로부터 인정을 받기 위해 타인과 비교하며 산다. 동분서주하며 뛰어다니다 궁극엔, 자신의 꿈을 잃어버리거나 포기하고 만다. 체념은 슬프고 외로운 삶의 그늘이다. 너무 바빠 많은 귀한 것들을 잃게 되고 종래엔 정신세계마저 피폐해진다. 시인은 될수록 시집 이외에 많은 고전들을 읽으려고 노력해야 한다. 책만이 능사는 아니지만, 그 정신 속엔 분명 길이 있다. '책 만 권, 여행 만 리'라는 옛 선현들의 말씀은 금과옥조이다. 살다 보면 여행과 책에서 거의 모든 것을 채울 수 있다. 젊은 시절엔 만 리 여행을 하고, 먹고살기 위해선 천지사방을 날아다녀야 한다. 여행은 체험의 정면을 넓혀 주고, 독서는 삶의 뒤쪽을 성찰하게 한다. 기실, '시'는 여행과 독서를 동시에 요구한다.

자신을 찾아가는 길에서 '시'와 함께할 멋진 도반은, '차 한 잔'의 여유일 것이다. 다시茶詩 「나, 꽃 핀다 이제」는 노자의 이름 지을 길 없는 '한 물건'을 연상시킨다. 이 시는 다선일여茶禪一如이자 다시일여茶詩一如의 경지로 끌어올린 시이다. 번다한 세계를 벗어나 맑은 정신을 가다듬어 도道로 들어가는 깨침이 있다. '나, 매화, 겨울 눈, 그녀, 우전차'로 연결되는 시상 전개는 꽃빛처럼 밝다. 꽃 향기 차 향기가 시의 방안에 가득 흘러 다니는 것이 보인다. 읽을수록 절로 설레는 이 시는, 욕망이 일시에 허물어지고, 한국화의 여백처럼 마음이 비워진다. 「나, 꽃 핀다 이제」란 시는, 박종승의 심의心意를 가장 잘 대변한 시로 읽힌다.

나, 꽃 핀다 이제
마음 한 잔 매화 한 잔

겨울 눈 내리는 날
나, 꽃 핀다 이제

우전차 앞에 두고
여윈 잎맥 그대로 드러낸 채

뜰 앞 햇살 곱게 펴

빛바랜 사진 속 그녀를 들춰 보네
분홍빛 두 볼은
꽃 피어 봄날인데

비껴간 운명
바람 소리 차가워도

나, 꽃 핀다 이제
흰 눈 한 잔 매화 한 잔

—「나, 꽃 핀다 이제」 전문

지금의 우리 사회는 산업화를 거쳐 황금만능주의, 정보혁명의 급속한 대변혁의 시기를 겪고 있다. 기존의 귀한 가치관은 멀어지고, 혼란스런 온갖 현대 신조어들이 넘친다. 이런 탁류의 시대엔 반드시 시가 필요하다. 시는 화려함 뒤에 감춰진 쓸쓸하고 외로운 것들을 위해 쓰여진다. 빈익빈 부익부의 그늘진 삶의 투쟁 속에, 따뜻한 서정시 한 편은 위안이 된다. 참된 행복이란 소소한 일상일지 모른다. 밥 먹고 놀고 웃고 지치면 잠이 드는, 어린 시절의 아이 때처럼, 그런 놀이가 시의 본질일지 모른다. 박종승의 시구처럼 매화 핀 "겨울 눈 내리는 날" 우전차 앞에 놓고 꽃 필 줄 아는 사람은 몇이나 될까. 참으로 여유와 풍류가 멋스러운 시이다. 시는 날아다니는 자보다, 걷는 이에게 더 많이 찾아온다고 생각한다. 속도보다 느림의 시학이어야 귀하다. 높음보다 낮음의 목소리가 더 시적인 이유는, 인간 삶이 궁극엔 외롭기 때문이리라. 시는 누구에게 보여 주기 위해 짓는 것이 아니라, 오로지 나를 찾기 위함이다. 이 우주의 주인이 누군가를 알기 위함이다. 그래서 시인은 옛 흑백 사진 속의 그녀를 떠올리며, '나' 이제 시로 꽃 피는가 보다.

인간 인형

시, 「인간 인형」은 현실 풍자시이다. 시대 풍경을 읽는 상당한 수준과 안목을 갖춘 시다. 행간의 치열한 퇴고의 흔적과 예민한 시의 촉각은, 분명 서정시의 새 길을 열기에 충분하다. 이 시는 요즘 부모 세대들의 손주 돌봄 고민을 적확하게 집었다. '볼 수도 없고 안 봐줄 수도 없는' 것이 늙은 부모의 처지이다. 친손주 못 돌봐주면 며느리 눈치 보이고, 외손주 안 봐주면 사위 코치 보이고, 특히 할머니들은 고역이다. 용돈은 고사하고 자식들이 돈까지 내노라면, 생지옥이다. 하루 9시간 손주들을 돌보면 체력에 한계가 온다. 그렇다고 시설에 맡기자니 세태가 불안하고, 맡아 키우자니 감옥살이다.

그의 예쁜 손주들은
인간 인형을 가지고 논다
그 인형은 아이를 끔찍이 사랑하지만
서로 잘 지내지는 못한다
그건 달라진 세상 때문

첫새벽부터 밤을 낮 삼아
그가 쳐 놓은 울타리에
스스로 갇혀 산다
인간 인형이 되고서야
성큼 어른이 되어 버린 그

엉덩이 하나쯤 밀치면
그의 자리 늘 비어 있지만
지금은 모든 이의 자리다
앞에서 달아나는 세월
조금만 느리게 갔으면 좋으련만

살아 보니 그래야 된다 할 것도 없고
그러면 안 된다 할 것도 없는데
문지방이 달라진 세상 밖이란 걸
어렴풋이 짐작은 간다만

예쁜 손주들은 오늘도 인간 인형 가지고 논다

—「인간 인형」 전문

그는 이 시를 쓸 무렵 이런 말을 지면에 한 적이 있다. "「인간 인형」은 지금껏 내가 추구해 온 서정에 조금 비껴 나 있는 현실 참여시이다. 텅 빈 긴 방황 끝에 내 안에 이미 내재되어 있던 오래된, 나의 우주를 만난 듯했다. 맑고 밝은 시의 에너지가 분출했고, 이루 말할 수 없는 평온과 행복이 나를 감쌌다. 내가 추구한 높은 시 정신세계는 결코 변질되거나 없어지지 않을 것이라고 확신한다. 내 안의 끝없는 가능성이 열리는 것을 느꼈다. 그때 함께 발표한 작품들 중 몇 작품은 몇 년간 퇴고를 거듭한 것이다. 치열한 시 정신과 예민한 시의 촉각을 뻗어 보려고 노력했다. 고향과 풍경에 머물고 있는 서정의 세계에서 벗어나, 현실 접목이라는 새 길을 열어 보고 싶었다. 하여, 나는 「인간 인형」에서 시의 새로운 각도와 신선한 문체를 시도해 보았다. 작품 속의 '인간 인형'의 상황은, 손주들이 할아버지를 인간 인형처럼 가지고 노는 것에서 촉발된 시상이다. 시적 현실의 세태를 예리하게 찔러 보고 싶었다. 작금의 부모 세대의 서글픈 처지를 투영하고 싶었다."

푸른 말

시인은 사물을 대상으로 그가 선택한 물상들 속에서 새로운 세계를 향한 상상의 그림을 만들어 가는 존재이다. 그러한 상상력의 바탕 위에 그려진 언어의 그림들이 기교면이든 내용 면이든 귀결되는 종착점은 인간의 풍경을 요구한다. 그것은 시인의 정신 질감 속에 들어 있는 여러 체험 요인들과 복합적인 상관 속에서 싹을 틔우기 때문이다. 시 「푸른 말」은 '나뭇잎이 푸른 말을 하지 않을까'라고 착상한 데서, 시가 태어났다.

나뭇잎은 푸른 말을 하네
만상이 귀 쫑긋 세울 즈음,
보이지는 않아도 바람은
작은 우주 하나씩 흔들고 있네

어둠이 잠시 비켜서 있네
열린 창밖 내다보노라면
청솔가지 흔드는 서늘한 가을 곁에
달빛은 수화手話를 하네

한 줌 바람결에 흔들리는 것
어디 드러난 몸뿐이냐고,

길섶 여린 잡초의 질긴 삶뿐이냐고,

나뭇잎은 푸른 말을 하네
그대로 듣고 보고 받아들이면 되는
모든 게 마음의 일인 것을
푸른 나뭇잎은 푸른 말을 하네

—「푸른 말」 전문

그렇겠다. 박종승의 「푸른 말」은 "나뭇잎이 푸른 말"을 한다는 놀라운 시적 메타포metaphor가 볼만하다. 정말로 세상의 모든 나무들은 '푸른 말'을 하고 있는지도 모른다. 보이지 않는 바람 속에서, 나뭇잎들이 "작은 우주 하나씩을 흔들고" 서 있는 이미지를 행간에 비벼 넣었다. 바람의 세계와 잎들의 세계가 밤낮으로 노는 장면은, 신비하고 아름답다. 또한 달빛과 '수화手話'를 하며 노는 청솔가지들의 '푸른 말'은, 서늘한 가을 풍경을 한 단계 더 높은 격조의 세계로 끌어 준다. 하여, 사물은 시·공간을 통해 자신을 세계의 밖으로 드러내기도 하고, 안쪽 깊이 숨기도 한다. 시는 바로 이 경계에서 '푸른 말'처럼 불현듯 들린다.

사랑채

연전에 박 시인의 고향인 군위 동림桐林 마을을 둘러본 적이 있다. 신라 시대 때부터 악기樂器 및 전통 가구를 제작해 오던 오동나무 숲 조림造林 촌이었다. 팔공산을 배경으로 좁은 협곡 속에 숨은 아늑한 그곳은, 포란형抱卵形의 길지였다. 동림지桐林池에서 바라본 탕건봉은 붓끝처럼 절묘했다. 문사가 여럿 나올 법한 필봉이었다. 650여 년의 풍상을 견딘 느티나무 당산목을 지나, 문중 후손들이 뜻 모아 세운 추보재追報齋 가는 길에서 가문의 내력을 들었다. 추보재追報齋는, 이 마을 출신 선비 박두동(朴斗東, 본관 : 龜山, 호: 星山, 품계명 : 崇政大夫)의 지극한 효성과 후진 양성을 행한 깊은 학덕學德을 기리며 추모하기 위해, 1946년 문중門中 후손들이 뜻을 모아 건립한 재사齋舍이다. 재사齋舍의 명칭인 추보재追報齋는 "조상을 추모하는 것은 곧 근본根本에 보답하는 것이니, 제사祭祀를 지낼 때에는 반드시 몸가짐과 언행言行을 조심해야 한다"는 사자소학四字小學 중, "추원보본追遠報本 제사필성祭祀必誠"이란 구절에서 집자集字한 것이다. 시인의 7대조이다. 「사랑채」는 유자儒者였던 조부와 증조부의 행적을 시로 옮긴 것이다.

겨울 흰 눈의 발가락 같은
댓돌 아래 소복이 쌓인
인기척이나 잔기침 같은 것

꽃샘바람처럼 들릴 듯 말 듯
앙상한 배롱나무
마당 안의 기웃거림 같은 것

깊은 고요 좌정하여 앉은
선방 앞에 놓인
수좌의 등나무 지팡이 같은 것

경상經床에 얹힌 시경詩經처럼
세월 머무는 고택 문지방 너머
지엄한 가르침 같은 것

할아버지의 할아버지, 사랑채

—「사랑채」 전문

어릴 적 그의 꿈은 화가나 시인이 되는 것이었다. 중학 시절엔 사생 대회, 독후감 쓰기, 백일장 학교 대표로 뽑혀 나갈 정도였다고 한다. 그땐 누가 보아도 문학과 예술에 자질이 조금 있어 보이는 학생이었다. 조부의 유풍儒風에 일찍이 그는 먹과 서권기를 흡입하였다. 그러나 가문의 몰락으로 선친 대에 와선 붓과 먹을 잡는 대신, 논·밭일에 매진하였다. 그 시절은 누구나 배고픈 환경이었다. 그는 더 높은 공부를 다 마치지 못하고, 일찌감치 치열한 삶의 현장에 뛰어들었다. 어린 시절 문사文士의 꿈은 언감생심이었다. 정작 하고 싶은 일은 뒤로한 채, 정신없이 호구지책에 매달렸다. 이따금 시가 떠오르곤 하였지만, 고단한 노동이 그를 놓아주지 않았다. 가족과 명예와 돈을 위해 밑바닥부터 해 보지 않은 직업이 없었다. 그 당시엔 돈이 그의 시였고, 부富야말로 가문을 다시 일으키는 희망이었다. 다행히 만년에 큰 성공은 아니지만 주변을 돌볼 만큼 경제적 여유를 얻었다. 일선에서 퇴역할 즈음, 메마른 사막의 열풍처럼 그에게 공허가 밀려왔다. '증조부님처럼 시문詩文이라도 남겨 가풍은 이어야 하지 않겠는가' 등등, 온갖 사념이 일었다. 하여, 어릴 적 꿈을 더듬어 시작詩作에 입문하였다. 시에 몰입하면서, 그동안 까마득히 잊었던 어린 시절의 고향과 푸른 하늘과 벗들의 기억이 보물처럼 떠올랐다. 부모님을 따라 뒷산에 소 먹이던 일, 고향 마을 앞 냇가에서 동무들과 멱 감던 추억들도 보였다. 여러 편의 시를 쓰는 동안, 그는 잃어버린 자신의 순수하고 맑은 옛 정서를 복원하였다. 그 많은 시간과 지나온 공간은, '어쩜, 지금처럼 시를 쓰려고 견뎌냈구나'라는 깨달음이 왔다고, 필자에게 고백한 적이 있다.

뼈

시, 「뼈」는 2019년 고운 최치원 문학상 본상 수상작이다. 이것을 계기로 박종승은 시마詩魔에 불이 붙었다. 오로지 시에 대한 갈증을 밤낮 시작詩作으로 푼다. 새로운 서정시에 갈급하였을 뿐 아니라, 한층 시 공부에 몰입한 시기이기도 하다. 이 시는 사물과 언어를 인식하는 방법부터 다르다. 언어를 "오랜 시간 공들여 익은 / 내면의 뼈"로 규정한다. '가을 산'의 이미지를 은유의 세밀한 묘사로 치환한다. 언어가 내장하고 있는 사물의 상징을 '뼈'로 본 인식은 탁월하다.

> 푸른 언어로 깊이 밴
> 넉넉한 하늘의 몸짓
>
> 오랜 시간 공들여 익은
> 내면의 뼈
>
> 절실한 기도와 같은
> 과육의 언어
>
> 그 속으로 침잠해 들어간
> 내 성숙의 고요

더럽힐 수 없는 뼈대
거룩한 존엄 앞에

붉게 아려 오는
이 진솔한 가을 산

—「뼈」 전문

그는 수상 소감에서 이렇게 밝힌 바 있다. “시를 정성껏 쓰는 순간이야말로 시인의 가장 참된 모습이 아닐까 생각합니다. 저 역시 밤낮으로 시의 뼈와 살을 발라내, 시의 형形과 상象을 빚어냅니다. 만물의 온기를 마음속 깊이 보듬어 보지만, 뜻대로 되지 않는 것이 시작詩作입니다. 너무 뜻밖의 커다란 소식에 당황하고 감격스러워 한참 동안이나 아연啞然하였습니다. 시는 근본적으로 전통에 대한 불신과 전복을 통해 새롭게 나아간다고 배웠습니다. 그 점에서 제 시가 법고창신法古創新한 것인지 성찰하고 있습니다. 물론 저 역시 옛 서정시를 통해 참신한 서정으로 나아가려고 노력하지만, 일정한 한계를 느낍니다. 과연 제가 이 크나큰 상을 감당할 그릇이 되는지도 묻습니다.

최치원 선생님은 열두 살이던 868년(경문왕 8) 당나라로 유학을 갔습니다. 특히 879년 황소黃巢의 난 때 고변高騈의 종

사관으로서 「토황소격문討黃巢檄文」의 기초를 작성해 문장가로 이름을 날렸지요. 그러나 29세 때 신라로 귀국한 선생님은 귀족 출신이 아니어서, 6두품의 한계에 부딪혀 자신의 큰 뜻을 펴지 못했습니다. 그 후 그분은 시를 읊조리며 평생을 방랑하였죠. 시 「추야우중秋夜雨中」과 「등윤주자화사登潤州慈和寺」는 제가 가장 좋아하는 작품입니다. 전자는, 고국 신라에 대한 그리움과 쓸쓸함을 가을 밤비를 통해 애절하게 드러냈다면, 후자는 당대에 꿈을 이루지 못한 선생님의 외로움이 짙은 배경으로 깔렸어요. 이번 '최치원 문학상' 본상의 수상 소식을 접하고, 다시 위의 두 시를 꺼내 읊으며, 최치원 선생님께 누累가 되지 않는 시인이 될 것을 다짐합니다. 물론 이 상을 주시는 까닭은, 좀 더 현실을 직시하고 아름다운 자신만의 서정 세계를 만들어 가라는 채찍임을 압니다. 또 한편 사랑으로 시심에 흠뻑 젖어, 부질없이 세월을 소모하지 말기를 바라는 경책임도 헤아립니다. 어떡하면 좋은 시를 쓸 수 있을까, 날밤을 새워서 절차탁마하며 정진하겠습니다."

나가면서

지금껏 살펴본 대로 이번 박종승의 시집 『풀씨 법문』은, 크게 격물치지와 고향, 어머니와 불교 정서, 그리고 시에 대한 갈구와 가족애로 집약된다. 「너 흘러가는 대로」를 통해선, 보이지 않는 세계와 보이는 이미지를 반반씩 잘라 붙이기도 하고, 「우리 집으로 가는 길」에선 고향 숲 속에서 들은, 휘파람새, 뻐꾸기, 까치 울음을 악기 소리로 연상하기도 한다. 때론 「당신」을 통해 '아내'를 달빛에 은유하는가 하면, 현실의 치밀한 묘사적 서술을 시로 승화시킨다. 시, 「나」는 짧고 직관적인 선禪적 여운 처리의 행간이 돋보이며, 기교를 통해 무기교를 지향한다. 하여, 궁극적으로 박종승의 서정의 꼭짓점은, 그리움과 감동의 언어에 모이며 그런 시감詩感은 「어머님의 산」에서 가장 적요하게 드러난다.

내려올 땐 나밖에 없었는데
돌아보니 문득 뵈는 얼굴

세월이 바랜 땅에서
지난 흔적의 미소를 모신다

일렁이는 밭고랑의 오랜 당신 흔적
사랑 어린 깊은 발자국의 평안

구름이 안부를 묻고 가는,
바람이 씻어 주는 어머님의 산

너그러운 그 품에서 나는

이순 훌쩍 넘어 다시 젊어진다

—「어머님의 산」전문

박종승은 지극한 효심을 품은 듯하다. 시편 속에서 형상화된 어머니는 시인에게 정신적 터전이다. 고요 속에 잠든, 지금은 세상 밖에 계신 그리운 어머니로 형상화된다. 어쩌다 꿈속에서 마실로 달빛을 타고 내려오는 그녀를 간절하게 찾는다. 「어머님의 산」속에서도 나타나지만, 문득 문득 골목에서 시인은, 허공 속에서 어머니가 웃고 계시는 환시를 본다. 그녀는 때론 노을 속에서 낡은 호미를 들고, 해진 머릿수건을 쓰고 콩밭을 매기도 한다. 늘 가족들의 가난과 삶과 상처를 어루만져 주는, 이번 시집의 중요한 줄기 하나가 '어머니'이다. 이런 모성에 대한 강렬한 의식은, 박종승의 시 세계 전반에 깊은 음영을 드리운다. 누구에게나 모성은 무의식을 체험케 하는 기억 공간이자 몸을 자각하는 발화점이기도 하다. 고향이 시인에게 밖의 길을 터 주었다면, 어머니는 산 그림자처럼 늘 그곳에 존재하는 넉넉한 품이다.

서정시야말로 한 인간의 잃어버린 기억의 시간과 공간을 복원할 뿐 아니라, 심연 속 덮여 있는 것들에 대한 절박한

호명을 가능케 한다. 시는 사물 속에 달라붙어 있는 정령의 세계를 시인의 영혼 세계로 옮겨 갈 때 빛난다. 그것은 마치 저녁노을 속에 사라진 잔양처럼 아름답고 깊고 먼 것들에 대한 그리움의 계시이자, 시인이 추구하는 외로움의 시학이기도 하다. 이번 박종승의 『풀씨 법문』은 존재하는 것들을 통해, 참으로 잘 보고 들은 자者만이 도달할 수 있는 서정시의 향연장이다. 하여, 그의 시를 읽는 독시자讀詩者에게 시 행간의 오묘와 신비로운 느낌의 세계로 끝없이 이끌어 준다.

박종승

경북 군위에서 출생했다. 영남일보 주최 독도문예대전 특별상(2011), 『아세아문예』 시 부문 신인상(2012), 『국제문예』 신인상(2012), 『문장21』 신인상(2017), 제11회 최치원문학상 본상(2019)을 수상했으며 대구문인협회, 군위문인협회 회원. 텃밭시학 동인으로 활동하고 있다.

donggokpjs@naver.com

박종승 시집

풀씨 법문

초판 1쇄 발행 2020년 3월 20일

지은이 박종승
펴낸이 이은재

펴낸곳 도서출판 그루
출판등록 1983. 3. 26(제1-61호)
주소 06121 서울특별시 강남구 봉은사로 129, 1210호
42452 대구광역시 남구 큰골 3길 30
전화 02-358-1161, 053-253-7872
팩스 053-257-7884
전자우편 guroo@guroo.co.kr

ISBN 978-89-8069-415-0